ALEXANDRE LE GRAND

Pièce en trois actes

Pour regarder la pièce théâtrale :
Alexandre Le Grand

Veuillez utiliser le code QR.

Dr. Sultan bin Mohammad Al-Qasimi

ALEXANDRE LE GRAND

Pièce en trois actes

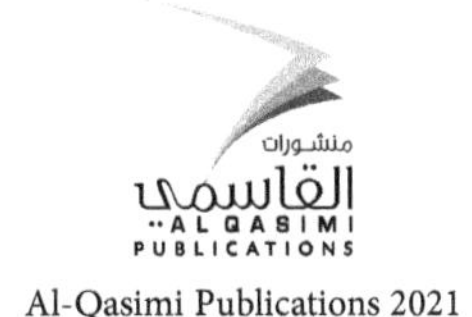

Al-Qasimi Publications 2021

Titre du livre : ALEXANDRE LE GRAND
«Al-Iskandar Al-Akbar» 2006
Nom de l'auteur : Dr Sultan bin Muhammad Al-Qasimi
Nom de l'éditeur : Al-Qasimi Publications, Sharjah, Émirats Arabes Unis
Année de publication : 2021

Traduit de l'arabe en français par: Khalifa Soua

Distribution : Al-Qasimi Publications, Sharjah,
P.O. Box 64009
B.P. 64009 Sharjah, Émirats Arabes Unis
Téléphone : +971 6 50 90000 Fax : +971 6 55 200 70
Website: www.alqasimipublications.com
Email: info@aqp.ae
Sharjah, Émirats Arabes Unis

ISBN 978-9948-24-019-8
Autorisation d'impression : Conseil national des médias Abou Dhabi
No. MC 03-01-1828724, Date : 15-03-2018

Groupe d'âge: E

Panneau de couverture : Portrait d'Alexandre le Grand mosaïques peintes,
Hose of The Faun, Pompei, Italy

Sommaire

Préface **7**

ACTE I **9**

Scène première 11

Scène 2 17

ACTE II **23**

Scène première 25

Scène 2 31

Scène 3 39

ACTE III **41**

Scène première 43

Scène 2 48

Scène 3 51

Scène 4 54

Bibliographie **57**

Préface

Après avoir lu une grande partie des ouvrages consacrés à Alexandre Le Grand, j'ai conçu cette pièce pour illustrer la lutte entre les puissances, dans les temps anciens comme dans les temps modernes, partout dans le monde. J'ai utilisé, pour composer cette pièce, les ouvrages mentionnés dans la bibliographie qui figure à la fin du texte de la pièce.

L'auteur

ACTE I

Scène première

Le lieu : *Gaugamèles, au sud-est de Mossoul après une bataille qui s'est soldée par la défaite de Darius III, roi à Perse, et la capture de sa mère, de son épouse et de ses enfants.*

Le temps : *Octobre, l'an 331 av. ,7.- C.*

La scène : *La grande tente d'Alexandre où sont réunis les membres du Conseil. Ils sont assis autour d'une table et conversent entre eux*

(Le majordome entre et annonce):

LE MAJORDOME : Alexandre Le Grand arrive.

(Les membres du Conseil se taisent, puis se lèvent pour saluer l'arrivée d'Alexandre, qui entre, en se pavanant, salue de la main et leur fait signe de s'asseoir. Ensuite, d s'assied en tête de la table, face au public)

ALEXANDRE : Comment vont nos braves soldats ?

LES MEMBRES DU CONSEIL : Entièrement prêts à

livrer la prochaine bataille !

ALEXANDRE : Un ambassadeur de Darius, roi de Perse, est arrivé.

UN MEMBRE DU CONSEIL : Encore un ambassadeur ?! Il en a déjà dépêché dix, nous a fait deux propositions de paix que vous avez rejetées, Sire.

ALEXANDRE : Ecoutons-le. C'est un proche du roi Darius.

(Il frappe dans ses mains. Le majordome entre)

ALEXANDRE : Faites entrer l'ambassadeur.

(Alexandre s'adresse aux chefs militaires)

ALEXANDRE : Pas de paix avec ces gens dont l'influence, de façon inattendue, s'étend jusqu'aux ports de Sidon et de Tyr où ils construisent des bâtiments... Que projettent-ils ? Nous les avons vaincus dans ces ports et nous les repousserons jusqu'à leurs frontières avec l'Inde.

(Le majordome annonce):

LE MAJORDOME : L'ambassadeur de Perse...

(L'ambassadeur entre, vêtu d'un costume princier. il salue Alexandre Le Grand en s'inclinant plusieurs fois)

(Un moment de silence)

(Alexandre s'adresse à l'ambassadeur):

ALEXANDRE : Dites ce que vous avez à nous rapporter...

L'AMBASSADEUR : Le roi Darius est triste à cause du décès de son épouse... Il vous demande de libérer sa vieille mère et ses deux filles mariées, contre le paiement de la somme de cent quatre-vingt millions de drachmes. Quant à sa fille aînée, il vous la donne en mariage. En outre, il vous propose de conclure la paix en vous cédant tous les territoires à l'ouest de l'Euphrate... Il est aussi disposé à vous laisser son fils Ochus en garantie.

ALEXANDRE : Et après ?

L'AMBASSADEUR : Rien... Sire.

(Alexandre s'adresse à l'ambassadeur persan)

ALEXANDRE : Vous pouvez disposer et attendre dans la tente des hôtes.

(Alexandre frappe dans ses mains. Le majordome entre. Alexandre lui fait signe de raccompagner l'ambassadeur, puis s'adresse aux membres du Conseil) :

ALEXANDRE : Que pensez-vous des propos tenus par l'ambassadeur de Darius ?

(Les membres du Conseil ne répondent pas... tandis qu'Alexandre marche de long en large de la tente, attendant leur réponse)

(Les membres du Conseil- échangent des regards, mais personne

n'ose exprimer un avis, parce qu'ils ignorent celui d'Alexandre sur la question et n'ont pas d'opinion sans la sienne... Enfin, le général Parménion a l'audace d'exprimer son avis après qu'Alexandre le lui a expressément demande)

ALEXANDRE : Quel est votre avis, Parménion ? (Parménion s'avance, en face d'Alexandre, et parla avec orgueil) :

PARMENION : Vous connaissez d'avance mon avis. Vous devriez relâcher les prisonniers à Damas contre une rançon. Ainsi, vous recevrez d'énormes sommes d'argent et vous en économiserez d'autres. Car leur surveillance occupe de nombreux soldats. Vous pouvez dès à présent recevoir cent quatre-vingt millions de drachmes, contre la libération d'une vieille femme et de deux filles dont l'existence même est un obstacle à la progression de l'armée... Il est possible de créer un royaume riche et prospère par la négociation plutôt que par la guerre. Quel est l'intérêt de tous ces territoires que vous avez conquis, entre la Phénicie et l'Euphrate ? Un vaste désert que personne avant vous n'a pu dominer... Sire, retournez en Macédoine au lieu de marcher sur l'Inde.

(Alexandre manifeste des signes de colère, provoqués par Ce ton et Ces propos de Parménion)

ALEXANDRE : Oui... Moi aussi je préférerais l'argent à la gloire militaire... si j'étais Parménion!

Mais en réalité, je suis Alexandre Le Grand !... L'argent me laisse indifférent, parce que je sais que je suis un roi et non un marchand. Je n'ai rien à vendre! Je refuse de porter mes victoires sur mes épaules et de parcourir le monde en criant : « Victoires à vendre !... Victoires à vendre !... » Si je relâchais quelqu'un, ce ne saurait être que par munificence et non par intérêt.

(Alexandre frappe dans ses mains. Le majordome entre. Il lui ordonne):

ALEXANDRE : Faites entrer l'ambassadeur persan. *(Après quelques instants, l'ambassadeur arrive)*

ALEXANDRE : Dites à Darius que je ne désire pas conclure la paix. Les pays qu'il occupe, voire ceux qui sont en sa possession, seront autant de butins de guerre pour notre armée. Quant aux frontières qui séparent nos deux empires, elles seront bientôt tracées par la guerre.

L'AMBASSADEUR : Dès lors qu'Alexandre choisit la guerre, qu'il m'autorise à partir pour en informer Darius afin qu'il n'y ait pas de duperie.

(Alexandre frappe dans ses mains. Le majordome revient)

ALEXANDRE : Que l'ambassadeur persan, que tous les ambassadeurs et délégués de Darius retenus ici retournent rapidement vers leur roi !

(L'ambassadeur sort avec le majordome)

ALEXANDRE : Il a dit... duperie !... Au contraire, c'est sa proposition de paix qui est une duperie...

(A cet instant, le majordome entre et dit):

LE MAJORDOME : Le chef des renseignements attend à la porte d'être reçu.

ALEXANDRE : Laissez-le entrer.

(Le chef des renseignements entre)

LE CHEF DES RENSEIGNEMENTS : Sire... Un message m'est parvenu qui indique que Darius a expédié trois mille cavaliers sous le commandement du général persan Mazos... et que cette force marche sur nous.

ALEXANDRE : Ne vous ai-je pas dit que cette proposition de paix était une duperie ? Généraux... Que chacun rejoigne sa phalange pour se tenir prêt à affronter l'ennemi.

Extinction des Lumières.

Scène 2

Le lieu : *Hérat, sur la route de Kandahar.*

La scène : *La grande tente d'Alexandre. Y sont réunis des généraux et des conseillers.*

(Alexandre entre dans la tente, en colère)

ALEXANDRE : Un complot pour m'assassiner ?! Et qui sont-ils ces conspirateurs ? Ce sont mes généraux ... les plus proches de moi !

(Alexandre interpelle Amyntas)

ALEXANDRE : Amyntas... Votre frère est avec eux ! *(Amyntas se hâte de se prosterner aux pieds d 'Alexandre et dit)*:

AMYNTAS : Mon frère Polémon est innocent. Votre grâce, Sire... Votre grâce... Votre grâce.

(A cet instant, entre un groupe de soldats brandissant leurs épées et traînant par terre Polémon enchaîné. Celui-ci ne montre aucun signe de peur)

ALEXANDRE : Vous êtes avec eux... Polémon ?!

POLEMON : Je ne me défendrais pas... si ma fuite devait causer le moindre mal à mon frère...

(Il désigne son frère Amyntas, agenouillé aux pieds d›Alexandre)

POLEMON : Lorsque j'ai vu les soldats poursuivre Philotas, fils de Parménion, et l'assassiner, j'ai eu peur et j'ai pris la fuite. Alors, ils m'ont arrêté et m'ont amené ici.

(Polémon éclate en sanglots et se frappe le visage des deux mains)

AMYNTAS : Imbécile !... Qui fuyais-tu ? Et chez qui pouvais-tu te réfugier ?

L'ASSISTANCE : Pardonnez-lui, Sire... Pardonnez-lui, Sire... Pardonnez-lui, Sire...

ALEXANDRE : Je sais... Amyntas, combien vous m'êtes fidèle. C'est pourquoi j'accorde mon pardon... Je lui fais grâce... Détachez-le.

(Détaché, (Polémon se jette aux pieds d'Alexandre pour les embrasser. Mais Alexandre l'en empêche et s'adresse à Amyntas):

ALEXANDRE : Emmenez votre frère et sortez d'ici ! *(Un moment de silence)*

ALEXANDRE : Que tout le monde quitte les lieux ! *(Tandis qu'ils sortent, Alexandre appelle)* :

ALEXANDRE : Polydamas... Ne partez pas, vous. (Polydamas s'attarde. Alexandre reste en tête à tête avec lui)

ALEXANDRE : Polydamas... Savez-vous qui est le cerveau du complot ? C'est votre ami intime... votre ami Parménion qui est resté à Médie et n'a pas voulu marcher avec nous sur l'Inde. Il est mon ami ; mais il est votre ami aussi. Nous serons donc tous deux ses victimes... C'est pourquoi je veux que vous le tuiez ! Allez à Médie où il se trouve ; remettez de ma part cette lettre au gouverneur afin qu'il vous aide à organiser son assassinat. Et pour que Parménion ne vous soupçonne de rien, voici une lettre que j'ai rédigée moi-même et sur laquelle j'ai apposé le cachet de son fils que j'ai récupéré, après l'avoir fait exécuter par mes soldats.

(Polydamas saisit la lettre, hoche la tête, craintif et hésitant... Alexandre alors presse en disant):

ALEXANDRE : Ecoutez... Ceci est un secret entre nous. Si vous le divulguez ou si vous hésitez, soyez certain que je retiendrai votre frère en otage ici, jusqu'à ce que vous reveniez portant de bonnes nouvelles.

POLYDAMAS : Je suis à vos ordres, Sire.

(Alexandre frappe dans ses mains. Le majordome entre)

ALEXANDRE : Amenez les deux Arabes !

(Un moment de silence)

(Deux Arabes entrent dont l'un tient en main des vêtements)

ALEXANDRE : Avez-vous apporté les costumes arabes?

UN DES DEUX ARABES : Oui... les voici.

(Alexandre fait signe à l'Arabe de les donner à Polydamas. Puis il s'adresse à Polydamas et dit):

ALEXANDRE : Entrez à l'intérieur et changez de vêtements. Mettez le costume arabe.

(Polydamas s'en va)

(Silence)

(Alexandre s'adresse aux deux Arabes):

ALEXANDRE : Conduisez-le à Médie. Prenez garde que personne ne sache rien de ce voyage. Si vous en divulguiez le secret, soyez certain que je garderais en otage vos épouses et vos enfants, jusqu'à ce que vous le rameniez sain et sauf...

(Silence)

ALEXANDRE : Quelle est la durée du voyage pour Médie à travers le désert ?

UN DES DEUX ARABES : Dix jours.

(A ce moment, entre Polydamas vêtu du costume arabe, qui parade devant Alexandre)

(Alexandre s'adresse aux deux arabes)

ALEXANDRE : Allez préparer vos chameaux ! Cette personne vous rejoindra... Allez !...

(Silence)

(Alexandre s'adresse à Polydamas):

ALEXANDRE : Il faut que vous vous dépêchiez, de crainte que les bruits sur l'assassinat du fils de Parménion ne lui parviennent... Allez, dépêchez-vous ; je veux que vous m'apportiez la tête de Parménion.

(Polydamas sort d'un côté de la tente. Alexandre est sur le point de sortir d'un autre côté, lorsque un brouhaha venu de l'extérieur retient son attention. Il regarde l'entrée de la tente, quand soudain un commandant fait irruption en criant):

UN COMMANDANT : Darius a été assassiné !... Darius a été assassiné !... Sire, Darius a été assassiné dans les montagnes... C›est le général Bessus, commandant de son armée, qui l'a tué.

ALEXANDRE : Son général le tue, tandis que nous qui poursuivons l'un et l'autre perdons notre temps à nous occuper de complot.

LE COMMANDANT : Sire... Mais votre armée pourchasse à présent le général Bessus, qui se cache dans les montagnes...

ALEXANDRE : Oui, il faut le poursuivre, l'arrêter et l'amener ici vivant !

Extinction des Lumières.

ACTE II

Scène première

Le lieu : *Marakanda (Samarkand).*

Le temps : *L'an 328 av-i.C.*

La scène : *La tente d'Alexandre.*

(Un groupe de généraux échange des propos anodins... Alexandre fait son entrée. Les généraux le saluent en s'inclinant devant lui)

ALEXANDRE : Le général persan Bessus s'est proclamé roi de Perse sous le nom d'Ardashir Shah. Cet homme borné ose nous attaquer ; nos troupes le poursuivent et l'arrêteront.

(Bruit à l'extérieur de la tente. Ptolemy, un des généraux d'Alexandre, entre, en tenant un fouet, suivi de deux soldats traînant le général persan Bessus nu hormis un vêtement qui cache ses parties intimes, un anneau en bois autour du cou, muni de deux chaînes tenues par les deux soldats)

ALEXANDRE : Qu'y a-t-il, Ptolémy ? *(Ptolémy désigne le général persan et dit)*:

PTOLEMY : Bessus !! Le général persan. (Alexandre dévisage le général persan et dit):

ALEXANDRE : Enfin, vous êtes tombé entre mes mains, Bessus... Pourquoi avez-vous tué le roi Darius, votre loyal bienfaiteur ?!!

BESSUS : Ce n'est pas moi qui l'ai tué... Un groupe de mes subordonnés l'a tué.

ALEXANDRE : Votre fin, Bessus, mettra un terme à la résistance persane... et nous serons tranquilles.

BESSUS : Non, Votre Majesté... Derrière moi, il y a mon allié Spitamenes qui marche sur vous... La résistance commence, et partout...

ALEXANDRE : Ptolémy, tuez-le !

PTOLEMY : Non sire... Pas ici... On lui coupera le nez... les oreilles également... Et nous l'exhiberons dans la ville qui compte le plus grand nombre de Persans... Puis, il y sera exécuté...

ALEXANDRE : Emmenez-le !

PTOLEMY *(En criant):* Allez !...

(Il donne un coup de fouet aux pieds de Bessus et crie):
PTOLEMY : Allez...

(Un des généraux s'adresse à Alexandre et dit):

UN GENERAL : Sire... Si ce que dit Bessus à propos du déclenchement de la résistance est vrai... et sachant que nous avons perdu dans la dernière bataille deux mille soldats, qu'il nous en reste seulement trente mille... et que nous sommes loin de la patrie... et...

ALEXANDRE : Bon... Bon... cela ne fait rien. Des forces énormes arriveront d'Occident.

(Un moment de silence. Alexandre marche de long en large dans la tente, embarrassé par la question de la résistance. Un homme entre, l'air fatigué, vêtu d'un costume arabe et tenant en main une tête humaine... suivi par deux hommes également vêtus de costumes arabes...

Alexandre se tourne vers eux et dit):

ALEXANDRE : Qui est-ce ?! Polydamas ?! (Polydamas hoche la tête en signe d'acquiescement)

ALEXANDRE : Qu'avez-vous en main ?!

POLYDAM AS : C'est... C'est la tête de Parménion... selon vos ordres, Sire...

(A ce moment, Cleitus, l'un des généraux et l'ami de Parménion, crie):

CLEITUS : Qu'est-ce que c'est... Qu'est-ce que c'est... Qu'est-ce que c'est ?

(Les généraux retiennent Cleitus, tandis que l'un d'eux essaye de calmer)

UN GENRAL : Asseyez-vous, Cleitus... Asseyez-vous.

(Alexandre saisit une pomme dans un plateau de fruits posé sur la table et la jette sur Cleitus)

ALEXANDRE : Sortez-le d'ici !

(Deux généraux mettent Cleitus dehors, puis ils reviennent et regagnent leurs places, tandis que de l'autre côté de la scène Polydamas, accompagné des deux Arabes, quitte la tente)

(Silence)

(Alexandre s'adresse aux généraux, le dos tourné à l'entrée de la tente... A travers l'entrée, Cleitus regarde Alexandre et l'écoute avec une grande nervosité)

ALEXANDRE : C'est Parménion qui est le cerveau du complot ! On répand parmi les soldats que c'est lui qui remporta les victoires... Mais lorsqu'il fit défection, qui remporta ces victoires ?! C'est moi !... Moi, Alexandre Le Grand !... Moi, fils du Dieu Amon... Je ne suis pas le fils du roi Philippe... Même les victoires du roi Philippe, c'est moi qui les ai remportées... et non les Macédoniens.

(C'est alors que Cleitus se précipite au milieu de la tente et s'adresse à Alexandre) :

CLEITUS : C'est vous qui croyez que vous êtes le fils de Dieu... Vous racontez des mensonges à ces généraux, alors que vous avez tourné le dos à la bataille. Ce sont les blessures et le sang des Macédoniens qui vous ont fait grand... Et à présent vous reniez votre père et vous prétendez être le fils du Dieu Amon ?!!

(Alexandre enrage de colère et crie contre Cleitus):

ALEXANDRE : Vous... rebut de la société !... Vous croyez que je vais vous laisser me parler de cette façon ?!

CLEITUS : Moi ? Rebut de la société ? Espèce d'ingrat ?! Moi qui vous ai appris le tir... Et n'est-ce pas ma sœur qui vous a élevé lorsque vous étiez enfant ?!

(Un groupe de généraux tente d'éloigner Cleitus d'Alexandre, mais il leur échappe et continue de le rallier):

CLEITUS : Vous avez tué mon ami Parménion, lui qui vous a offert tant de victoires et a sacrifié deux de ses fils pour vous défendre... Et vous, pour leur rendre hommage, vous tuez le troisième frère !

(Alexandre cherche son poignard ; qu'il avait posé sur la table et qu'un des gardiens a dérobé et caché derrière son dos, afin qu'il ne s'en serve pas pour tuer Cleitus)

Cleitus se dirige vers la porte... Alexandre saisit la lance d'un gardien et court vers lui quand il arrive. Il pointe la lance sur la poitrine de Cleitus, qui recula sous le coup de la lance, heurte le montant de la porte, pousse un cri à douleur, puis s'écroula, la lance enfoncée en pleine poitrine)

(Silence)

(Rasséréné, Alexandre se tourne vers ses généraux, étonné de les voir bouches bées de peur.)

(Silence)

(Ensuite, Alexandre se hâte d'arracher la lance, dégoulinant de sang, de la dépouille de Cleitus... et il la pointe sur sa propre gorge. Les généraux se précipitent pour le retenir… Mais il se dirige vers le fond de la tente, la lance pointée sur sa poitrine. Ils le retiennent une seconde fois... et lui arrachent la lance. Puis Alexandre s'effondre, épuisé...)

(Alexandre pleure)

ALEXANDRE : Ah... ma gouvernante Lanice... J'ai tué votre frère... Vos enfants trouvèrent la mort en me défendant. Et voici qu'en récompense pour votre éducation, je tue votre frère de mes propres mains ?!! Ah... Ah... C›est moi l›assassin... C›est moi l›assassin... C'est moi l'assassin de ses compagnons...

C'est moi l'assassin de ses compagnons...
C'est moi l'assassin de ses compagnons...

(Pendant ce temps, les généraux soutiennent Alexandre pour quitter la scène)

Extinction des lumières.

Scène 2

Le lieu : *Les frontières de l'Inde, dans la région du Penjab.*

La scène : *Un terrain vague et deux chefs militaires.*

(Le général (Phegeus et le général Coenus).

(Coenus, assis sur le tronc d'un arbre couché, réfléchit. D'un côté de la scène, on voit la porte à la tente d'Alexandre, de l'autre, on voit passer le général» Phegeus.)

(Coenus l'appelle):

COENUS : Général Phegeus !

(Le général Phegeus regarde vers là d'où vient la voix)

PHEGEUS : Qui est-ce ?! Le général Coenus ?!

COENUS : Quelles sont les nouvelles ?

PHEGEUS : En vain, deux jours durant, j'ai essayé, de dissuader Alexandre de franchir le fleuve et de faire la guerre contre Porus, le prince indien. Aujourd'hui, il a décidé de le franchir.

COENUS : Pourquoi ? Nous sommes arrivés aux limites des frontières de l'empire perse et, le but atteint, la guerre prend fin...

PHEGEUS : Alexandre dit qu'il a reçu du Dieu Amon la mission de dominer le monde.

(Alexandre sort de sa tente. Les deux-généraux saluent)

ALEXANDRE : Phegeus, je vous ai demandé un supplément d'informations sur le prince indien Porus... Les avez-vous obtenues ?

PHEGEUS : Sire... Les déclarations du prince concernant la force de sa tribu sont exactes et ne comportent aucune exagération. Ce prince, leur chef, n'est pas seulement un homme du peuple, mais aussi, il appartient à une basse caste... Son père était coiffeur ; il gagnait sa vie du travail de ses mains. Séduite par sa beauté, la princesse l'a introduit dans l'entourage du prince dont il devint proche. Mais il tua le prince, supprima ses fils, usurpa le trône et épousa la princesse.

ALEXANDRE : Je vous interroge sur ce qui concerne la guerre.

PHEGEUS : Comme vous le constatez... Sire, devant nous, il y a ce fleuve, très large et parsemé de rochers. Puis, vient un désert aride... Après une marche de douze jours, nous pourrions atteindre le siège du prince Porus. Nous barrons la route jusque-là vingt mille cavaliers et deux cent mille fantassins, suivis de mille chars tirés par des chevaux...

Mais ce qu'il y a de plus terrifiant, ce sont les éléphants dont on estime le nombre à trois mille ! Le prince Porus, lui, campe derrière le fleuve...

COENUS : C'est une force gigantesque, outre les obstacles naturels qui sont les fleuves et le désert.

ALEXANDRE : Nous aussi, nous disposons d'une armée composée de troupes locales et d'autres venues de Grèce... Cette armée atteindra en tout deux cent mille hommes !...

(Silence)

(Alexandre appelle):

ALEXANDRE : Coenus... Appelez les soldats, que je m'adresse à eux !

(Coenus appel1e les soldats)

COENUS : Soldats !... Venez écouter la harangue du roi. *(Des soldats se mettent en rang d'un côté à la scène)*

ALEXANDRE : Soldats... Il est parvenu jusqu'à moi, ces jours-ci, que des gens en Inde ont fait courir des rumeurs qui vous ont inquiétés... Quoi qu'il en soit, ces rapports mensongers ne doivent pas vous tromper. Jusqu'alors vous combattiez de petites forces... A présent, et pour la première fois, vous allez affronter une tribu rebelle ; je fais appel à votre zèle et à votre bravoure, seuls garants de la victoire ; les récompenses sont plus grandes que les dangers. Ce pays est aussi riche qu'il est incapable de mener une guerre ; je ne vous conduis pas à la gloire, mais au pillage et à la rapine ! Vous méritez de vous emparer des richesses que la mer a rejetées sur les côtes de l'Inde et de les emporter dans votre pays. Laissez-moi vous dire que ce n'est pas votre roi qui vous parle, mais votre chef qui vous a menés aux quatre coins du monde. J'ai tout imposé par des ordres. Cette fois-ci, je serai votre obligé. Et c'est moi qui vous le demande... Je partagerai les dangers avec vous et je vous protégerai avec mon bouclier.

(Un moment à silence)

ALEXANDRE : Pourquoi ce silence ? Où sont les acclamations qui traduisent l'ambition?! Cette vision macédonienne, où est-elle? Ô soldats... Comme si vous ne me connaissiez pas... Et comme si je ne vous connaissais pas !

(Pendant l'allocution d'Alexandre, les soldats demeurent silencieux têtes baissées)

ALEXANDRE : Peut-être, sans le savoir, me suis-je trompé sur vous... sur votre enthousiasme et sur votre esprit d'abnégation, au point que vous ne désirez ni m'écouter ni me regarder... n'est-ce pas ? Personne ne me répond... Personne ne me répond... A qui est-ce que je parle ? Et qu'est-ce que je vous ai demandé ?... C'est à votre gloire et à votre grandeur que j'œuvre ! Où sont-ils les hommes qui, hier, rivalisaient pour porter leur roi blessé ?! Je vous abandonnerai à votre sort et je me rendrai aux ennemis d'hier, les forces persanes que j'ai combattues et qui sont aujourd'hui mes soldats...La mort vaut mieux que d'être un chef qui s'appuie sur les caprices des autres ! Retournez dans vos pays ! Abandonnez votre roi!... Et emportez avec vous la victoire !! Quant à moi, je préfère obtenir la victoire que vous n'espérez plus... ou mourir dignement !

(Les propos d'Alexandre ne provoquent aucune réaction chez les soldats, qui comptaient sur leurs chefs pour informer le roi de leur épuisement, du fait des blessures et de leur lassitude des guerres. Mais les chefs aussi avaient les têtes baissées, leurs yeux rivés au sol par peur d'Alexandre. Soudain, les hommes poussent des cris de plainte et de protestation suivis de gémissements... Puis ils commencent à exprimer leurs sentiments... Certains pleurent à chaudes larmes, à tel point que la colère d'Alexandre se transforme en affection et qu'il ne peut retenir ses larmes. Des pleurs... Des sanglots... Tandis que tout le monde pleure, Coenus s'enhardit, s'avance vers Alexandre alors que les autres chefs demeurent à leurs places, et demande à prendre la parole, en ôtant son casque. Les soldats l'encouragent, l'incitent à évoquer la question de l'armée)

UN HOMME : Coenus... Parlez de nous et de tous les problèmes qui existent au sein de l'armée...

COENUS : Que Dieu nous prémunisse de toute intention de trahison. Nous avons confiance en notre armée. Vos hommes sont prêts, comme ils l'ont toujours été, à aller là où vous les menez faire la guerre, affronter les dangers et donner leur sang pour la gloire de votre nom. Nous sommes prêts à vous suivre là où vous nous menez, en première ligne... avec ou sans armes... nus...ou fatigués... Mais pourriez-vous écouter des mots sincères venant de vos soldats ? Vous êtes à présent, au bout du monde... Vous entrez dans un autre univers... Vous livrez cette armée entraînée aux bêtes sauvages !... Je voudrais que vous entendiez ceci de moi-même et non des soldats qui sont derrière vous : Nos armes sont brisées, nos blessures saignent et nous ne disposons pas de chevaux à monter...

(A ce moment les soldats clament):

LES SOLDATS : Alexandre est notre père !... Alexandre est notre Seigneur !...

(Silence)

(Alexandre n'a pu réprimander ces hommes... Mais sa colère n'est pas apaisée pour autant... Il est déconcerté. Il demande à sa suite de le suivre et il regagne sa tente)

ALEXANDRE : La suite, uniquement, me suit.

(Phegeus suit Alexandre, puis revient pour annoncer à tout le monde):

PHEGEUS : Partez maintenant. Préparez-vous tous pour franchir le fleuve.

(Silence)

(Après quelques instants, Alexandre sort de sa tente, un livre à la main. Il s'assied sur le tronc de t'arbre et commence à lire. Il aperçoit Ptolémy en train de regarder l'entrée de la tente)

ALEXANDRE : Ptolémy... Ptolémy... Venez, je suis ici. (Ptolemy s'avance vers Alexandre)

PTOLEMY : J'ai aperçu la lampe allumée ; alors j'ai voulu vous demander si vous désirez quelque chose.

ALEXANDRE : D'ici peu, nous allons franchir le fleuve...

(Ptolémy regarde le livre sur l›arbre à côté d›Alexandre... le saisit et en lit le titre):

PTOLEMY : Le Livre de l'Inde par Ctésias ?! Vraiment, vous ne pouvez pas patienter. N'est-ce pas?!

ALEXANDRE : Non... Lorsque nous occuperons l'Inde, nous pourrons dire que nous dominons toute l'Asie... C'est alors que nous rentrerons et commencerons de changer le monde... Ptolémy.

PTOLEMY : Croyez-vous vraiment que le monde soit transformable ? Et croyez-vous que nous réussirons une telle entreprise ?

ALEXANDRE : Oui, je le crois... Souvenez-vous quand nous étions jeunes, nous rêvions avec beaucoup d'ambition et d'espoir ?! Et ces jeunes ont aujourd'hui battu le plus grand empire du monde, c'est-à-dire les deux tiers de la planète ! Nous avons bâti les cités grecques et nous avons établi des lois au cœur de l'Asie. Croyez-vous que toutes ces guerres sont dépourvues de but ?!

PTOLEMY : Non... Elles en ont nécessairement un.

(Silence)

(Phegeus entre et s'adresse à Alexandre) :

PHEGEUS : Sire... Le franchissement du fleuve a commencé !

ALEXANDRE : Est-ce l'aube maintenant ?

PHEGEUS : Pas encore... Sire.

ALEXANDRE : Allons-y !

(Alexandre regagne sa tente pour prendre son arme)

(La lumière baisse)

(On entend les soldats entonner des hymnes de guerre. Suivent les bruits d'une bataille...)

Extinction des lumières.

Scène 3

Le rien : *Un champ de bataille.*

La scène : *La scène représente un endroit où l'on voit Alexandre adossé contre un arbre, portant les traces de la bataille. Son casque, son épée et son bouclier sont posés à ses côtés. Il est entouré de queues chefs militaires.*

ALEXANDRE : Combien de temps la bataille a-t-elle duré ?

UN COMMANDANT : Huit heures.

ALEXANDRE : Nous avons battu Porus... Porus n'est pas seulement un chef, il est également un combattant courageux !... Je lui ai dépêché Meroes, son ami indien, pour lui proposer de venir conclure avec nous un traité de paix.

(Un commandant se présente et dit):

UN COMMANDANT : Porus arrive.

(Alexandre remet son casque... Meroes entre accompagné de Porus. C'est un homme grand, ayant un beau visage, de larges épaules dont la droite est blessée... Alexandre prend la parole et s'adresse à Porus) :

ALEXANDRE : Comment voulez-vous que je vous traite... Porus ?

PORUS : Traitez-moi comme vous devez traiter un prince !

(Alexandre, content à réponse de Porus, dit):

ALEXANDRE : De ma part, vous aurez tout ce que vous désirez, mais voulez-vous autre chose ?

PORUS : Tout est dit dans ma première demande.

(Alexandre redouble de bonheur...)

ALEXANDRE : Nous vous restituons les territoires que nous avons conquis... Nous vous laissons prince à la tête de votre pays... et vous serez notre ami, à condition que vous participiez à nos batailles futures.

PORUS : C'est entendu.

(Porus s'en va. Alexandre entame une conversation avec ses chefs militaires)

ALEXANDRE : A présent, il faut que nous retournions en Perse et que nous résidions à Babel.

Extinction des lumières.

ACTE III

Scène première

Le lieu : *La côte persane, à proximité à l'entrée du Golfe.*

La scène : *A quelques milles de la côte, une rencontre a lieu entre Alexandre et le capitaine Néarque qui arrive de l'Inde, par voie maritime, où Alexandre l'avait envoyé pour exploration.*

(D'un côté de la scène, entre Alexandre suivi de soldats réjouis, de l'autre côté entre Néarque suivi de marins également réjouis)

(Dès qu'Alexandre' approche de Néarque, les deux s›empressent pour se donner l'accolade. Ms tombent dans les bras l'un à l'autre. Lorsqu'ils se dégagent... ils se regardent avec passion, comme s'ils ne croyaient pas à ces retrouvailles. Sous l'effet de l'émotion, ils n'arrivent pas à parler, jusqu'à ce qu'Alexandre pousse un rire retentissant, puis crie en repoussant Néarque)

ALEXANDRE : Néarque... Vous sentez le poisson pourri !

(Néarque réplique):

NEARQUE : Quant à vous, vous sentez la sueur des chevaux !

(Alexandre regarde visage amaigri à son officier à marine et dit):

ALEXANDRE : Je n'arrive pas à croire que vous êtes en vie.

NEARQUE : Notre mission n'était pas facile... J'ai cru par moments que nous ne pourrions pas l'accomplir. Nous avons affronté deux tempêtes, mais notre grand problème, c'étaient la soif et la faim.

(Alexandre et Néarque déambulant dans le camp... Ils sortent par un côté de la scène et reviennent par l'autre... tandis que Ptolémy aligne les soldats pour les saluer. A leur passage, il crie):

PTOLEMY : Alalalai... Le roi Alexandre !

(Les soldats brandissent leurs lances et crient très fort) :

LES SOLDATS : Alalalai... Alalalai... Alalalai !

PTOLEMY : Alalalai... Le capitaine Néarque !

(Les soldats leurs lances et crient très fort):

LES SOLDATS : Alalalai... Alalalai... Alalalai !

NEARQUE : Sire... Nous n'avons rien de bien bon à manger, hormis un peu de poisson que nous avons pêché aujourd'hui.

ALEXANDRE : Cela ne fait rien ! Nous avons une surprise, et je pense qu'elle arrivera demain.

NEARQUE : Je ne crois pas que nous puissions attendre jusqu'à demain l'arrivée de votre surprise... Nous avons faim... Si je vous racontais ce que la faim nous a fait faire !? Nous attaquions, pour chercher de la nourriture, des villages tout au long de cette côte... Savez-vous ce que nous avons trouvé ?!

ALEXANDRE : Je n'en sais rien... Mais je crois... Je crois...

NEARQUE : Du poisson... Des sacs de poisson ! Ces gens pauvres, misérables, ne possèdent rien d'autre que le poisson.

UN MARIN : Messieurs... Le poisson grillé est prêt.

(Alexandre et les chefs militaires se dirigent vers un côté de la scène en plaisantant et en riant. Soudain, on entend des roulements de tambours qui annoncent un danger. Alexandre crie):

ALEXANDRE : Ô Dieu Zeus ! Qui sur cette terre ose nous attaquer maintenant ?!

(Alexandre dégaine son épée et crie):

ALEXANDRE : Commandants... Montez vos chevaux ! Montez vos chevaux !

(Le camp se remplit d'un vacarme causé par Ce roulement fort des tambours et par le hennissement des chevaux… Les soldats se bousculent entraînant la chute de la clôture faite de palmes. A l'arrière, paraît, dans un tourbillon de poussière, un char tiré par des chevaux entouré de soldats)

(Silence)

(Après dissipation de la poussière, le char devient compétemment visible, protégé par un groupe de soldats armés de sabres et de boucliers. Descend du char un homme ayant les traits fatigués par le voyage, le visage couvert de poussière, mais qui porte de la nourriture et des boissons. Il crie):

LE COCHER : Nous vous apportons de la nourriture et du vin !

(Alexandre et les chefs militaires éclatent de rires d'une manière hystérique ! Ils s'assoient par terre... Néarque arrive tenant une carte qu'il étale devant eux)

NEARQUE : C'est une carte en papyrus. Nous avons dessiné dessus l'itinéraire de notre voyage, de l'Inde jusqu'ici. Nous sommes actuellement à cet endroit... Sire.

(Alexandre passe son doigt sur fl carte et dit):

ALEXANDRE : Magnifique... Mais qu'est-ce que cette côte qui donne sur le Golfe ?

(Il essaye de lire quelque chose sur la carte):

ALEXANDRE : Mangeurs de poisson... Mangeurs de poisson.

NEARQUE : C'est l'écriture de l'adjoint du capitaine.

ALEXANDRE : Pourquoi cette dénomination ?!

NEARQUE : Tout est poisson chez eux !... Même leurs troupeaux de moutons sentent le poisson.

(Alexandre s'interroge):

ALEXANDRE : Sont-ce des Arabes ?

NEARQUE : Oui. C'est l'est de l'Arabie.

ALEXANDRE : Ces Arabes ne m'ont pas dépêché d'ambassadeur... et ne m'ont pas reconnu comme suzerain... Ils sont maintenant les seuls dans la région qui ne se sont pas soumis. Tous les autres peuples m'ont fait acte d'allégeance et d'obéissance... C'est pourquoi il faut absolument conquérir la péninsule Arabique... et y établir des colonies permanentes. Je vous charge d'entreprendre les préparatifs et d'explorer les routes qui y mènent... Rendez-vous à Babel !

Extinction des lumières.

Scène 2

Le lieu : *Le centre de Babel sur l'Euphrate, à l'est de Bagdad.. L'endroit est calme. Par la suite, on entend comme un brouhaha qui se rapproche et s'amplifie_*

La scène : *Avant l'entrée d'Alexandre sur scène...*

(Un groupe d'habitants de Babel court, du côté par lequel Alexandre doit arriver jusqu'à l'autre côté de la scène, tout en regardant derrière eux et en criant):

LE GROUPE : Alexandre !! Alexandre !!

(Alexandre entre sur scène en se pavanant. Il regarde tantôt à droite, tantôt à gauche, relève la tête d'une manière hautaine, scrute les cotonnes et les murs de cité de Babel suivi du capitaine Néarque et de quelques commandants…)

(Alexandre appelle) :

ALEXANDRE : Néarque... Néarque...

(Néarque avance vers Alexandre, s'incline avec déférence et dit):

NEARQUE : Je suis ici, Sire.

ALEXANDRE : Où est votre ami l'astrologue qui a prédit ma mort lors de mon entrée dans la cité de Babel ? Me voici dans Babel !... Lorsque nous avons franchi le Tigre, cet astrologue m'a pris à part et m'a supplié de ne pas entrer dans Babel. Je lui ai demandé : Et pourquoi ? Il a répondu que mon destin y serait scellé. Que voulait-il dire par là ?!

NEARQUE : Il m'en a informé, Sire... Mais je n'ai pas eu l'audace de vous en parler ; je lui ai proposé de vous en parler lui-même... Les oracles aussi mettent en garde contre l'entrée dans cette cité...

(A cet instant, une bande de corbeaux dont on entend le croassement passe)

ALEXANDRE : Qu'est-ce que ces cris ?

NEARQUE : Des croassements de corbeaux !

(Un corbeau mort tombe aux pieds d'Alexandre)

ALEXANDRE : Qu'est-ce que c'est ?

NEARQUE : C'est un corbeau mort : mauvais présage...

(Alexandre s'adresse à Néarque):

ALEXANDRE : Allons donc... Laissez tomber ces balivernes.

(Un homme entre, portant une lettre qu'il remet à Alexandre. Celui-ci la lit et montre des signes d'inquiétude)

NEARQUE : Qu'y a-t-il, Sire ?

ALEXANDRE : Cette lettre confirme la défection de six mille soldats de notre armée emportant avec eux les fonds. Ils sont actuellement en route vers Athènes... Amenez les personnes qui m'ont informé, il y a quelques jours, de la désertion des soldats.

(Un groupe de soldats amène deux personnes enchaînées... Alexandre gronde les soldats) :

ALEXANDRE : Détachez-les !... Détachez-les !...

(Les soldats s'empressent de les détacher. Alexandre s'adresse aux deux personnes):

ALEXANDRE : De prime abord, je n'ai pas cru aux nouvelles dont vous m'avez fait part, et je vous ai fait enchaîner. J'ai eu grand tort à votre endroit... Récompensez-les.

(On emmène deux hommes. Alexandre s'adresse à Néarque):

ALEXANDRE : Qu'en est-il des ordres que je vous ai donnés à l'entrée du Golfe ?

NEARQUE : Tout est prêt, Sire... Les explorateurs sont ici avec moi. Lorsque vous aurez un instant nous serons à votre disposition pour vous communiquer les découvertes et les plans. Célébrons donc mes victoires en Inde !... ici ! Au cœur de Babel... Allons-y !

Extinction des Lumières.

Scène 3

Le lieu : *Le centre de Babel*

La scène : *Une fête célébrant les victoires d'Alexandre Le grand, en présence des ambassadeurs de l'Occident...*

Au milieu, à l'arrière-plan de la scène : un grand siège destiné à Alexandre.

Alexandre entre accompagné de Néarque et des explorateurs... Il se dirige vers le siège et y prend place... Ensuite, il souhaite la bienvenue aux ambassadeurs en disant):

ALEXANDRE : Ambassadeurs de l'Occident... Bienvenue à Babel et merci de participer à la célébration de nos grandes victoires... J'ai chargé le commandant Néarque de faire tout préparatif et de prendre toute disposition pour une bataille future. Je vous présente Néarque et les explorateurs qui nous éclaireront... Je désire, à ce sujet, que vous écoutiez la communication de Néarque.

(Il appelle) :

ALEXANDRE : Néarque...

(Néarque s'avance, tandis qu'Alexandre boit du vin, coupe après coupe)

NEARQLTE : J'ai reçu de mon Seigneur des ordres pour explorer les côtes de la péninsule Arabique... Un bâtiment a été envoyé, d'Egypte en mer Rouge, afin d'y explorer la côte arabe... puis trois autres bâtiments pour explorer la côte arabe du Golfe. L'un d'eux, sous le commandement d'Archias, est parvenu jusqu'aux îles Icarus et Tylus. Le second bâtiment était sous le commandement d'Androsthènes. Nous avons achevé l'exploration de la côte arabe, au-delà de Tylus jusqu'à l'entrée du Golfe... Quant au troisième bâtiment, sous le commandement de Heiron, il a quitté le Golfe en direction de l'océan. Il a accompli l'exploration de la côte arabe face à l'océan... En outre, nous avons achevé la construction sur l'Euphrate du port de Babel, ainsi que celle de plus de mille bâtiments de guerre au mouillage dans ce port. Les marins sont arrivés de la côte phénicienne ; ils sont prêts à recevoir les ordres de notre Seigneur.

(Alexandre descend de son siège en titubant sous l'effet du vin):

ALEXANDRE : Dès demain, nous embarquerons les soldats à bord de tous les bâtiments qui navigueront sur l'Euphrate jusqu'au Golfe afin d'envahir la péninsule Arabique !! Savez-vous pourquoi ?... Parce que les Arabes ne m'ont pas dépêché d'ambassadeur et ne m'ont pas déclaré leur vassalité. C'est ainsi qu'ils sont demeurés, parmi tous les peuples, les seuls à ne m'avoir pas fait acte d'allégeance et d'obéissance. Il faut donc absolument occuper la péninsule Arabique et y établir des colonies permanentes. Levez avec moi votre verre à loccupation de la péninsule Arabique !

(Un grand tumulte et des rires très forts. Une voix, soudain, tonne : Alexandre crie):

ALEXANDRE : Ah... Ah... Ah...

(Un groupe d'officiers accourt pour lui porter secours. Les gens sont stupéfaits. Alexandre crie):

ALEXANDRE : Ah... Ah... Ah...

(Extinction progressive des Lumières, alors que les cris d'Alexandre baissent d'intensité pour se transformer en plaintes et en gémissements)

ALEXANDRE : Ah... Ah... Ah...

Extinction des Lumières.

Scène 4

Le lieu : *Le palais de Nabuchodonosor au bord de l'Euphrate. Le temps : Juin, l'an 323 av. .7.-C.*

La scène : *Au milieu de la scène, un fit, sur lequel Alexandre est étendu. A ses côtés : Néarque.*

(Un général entre)

LE GENERAL : Néarque... Comment va Alexandre ?

NEARQUE : Depuis le jour de la cérémonie, la fièvre ne l'a pas quitté... Nous avons été contraints de le transférer au palais de Nabuchodonosor, sur cette rive de l'Euphrate, loin de Babel, en espérant que son état s'améliore, mais en vain... Tout le monde l'avait pourtant mis en garde contre une entrée dans Babel...

(On entend frapper à la porte et des voix qui appellent):

DES VOIX : Ouvrez la porte !...

(Les portes s'ouvrent; un groupe de dirigeants et de chefs militaires entre sans armes.

(Têtes baissées... ils défilent devant le lit d'Alexandre, puis sortent.)

(On entend geindre et gémir Alexandre)

ALEXANDRE : Ah... Ah... Ah...

(Ensuite, il pousse de forts cris de douleur qui retentissent dans le théâtre et qui se répètent plusieurs fois... Soudain, ces cris s'arrêtent. Alexandre, qui s'était assis, se laisse tomber dans le lit. Un de ses bras retombe et reste suspendu d'un côté du lit...

Néarque, stupéfait, crie):

NEARQUE : Alexandre Le Grand est mort !! Alexandre Le Grand est mort !! Alexandre Le Grand est mort !!

(De l'extérieur on entend l'écho de la voix de Néarque, dans un chœur de chants religieux) :

LE CHŒUR : Alexandre Le Grand est mort ! Alexandre Le Grand est mort !

Extinction des lumières.

FIN

Bibliographie

1. E.A. Wallis Budge. The Life and Exploits of Alexander the Great (London: Cambridge University Press, 1896)
2. Quintus Curtius Rufus. The History of Alexandria (London: Penguin, 1984) (composed probably in the first century CE.)
3. Plutarch. The Age of Alexander (London: Penguin, 1973) (composed first century CE.)
4. Arrien. The campaigns of Alexander (Harmonds - worth : Penguin, 1971). (Composed; 2nd century CE.)
5. A.B. Bosworth. Conquest and Empire: the reign of Alexander the Great (Cambridge: Cambridge University Press, 1988
6. W.W. Tarn. Alexander the Great (Cambridge: Cambridge University Press, 1942).- 2 volumes

7. 7-Robin Lane Fox. Alexander the Great (London: Allen Lane, 1973)

8. Peter Hogemann. Alexander der Grosse und Arabien Zetemata. Mono g- aphi en ZUT Klassischen Altertumswissenschaft, Heft 82 (C.H. Beck: Munich, 1985)

9. Valerio Massimo Manfredi. Alexander : the ends of the earth. Pan Macmillan Ltd, London, 2001.

www.ingramcontent.com/pod-product-compliance
Ingram Content Group UK Ltd.
Pitfield, Milton Keynes, MK11 3LW, UK
UKHW021958190726
13853UKWH00004B/1607

9 789948 240198